D

LE CATÉCHISME

DES PETITS ENFANTS

POUR LE DIOCÈSE

DE QUIMPER ET DE LÉON

Prix : 20 cent.

QUIMPER

TYPOGRAPHIE ARSÈNE DE KERANGAL

IMPRIMEUR DE L'ÉVÊCHÉ

1911

LE CATÉCHISME

DES PETITS ENFANTS

POUR LE DIOCÈSE

DE QUIMPER ET DE LÉON

QUIMPER

TYP. ARSÈNE DE KERANGAL, IMPR. DE L'ÉVÊCHÉ

1911

Avertissement

Ce Catéchisme a été rédigé par Monseigneur l'Evêque de Vannes, qui a bien voulu Nous autoriser à en faire une édition à l'usage du diocèse de Quimper et de Léon.

Il est destiné aux tout jeunes enfants.

Nous appelons l'attention des familles et des Directeurs de Catéchisme sur les avis suivants donnés par le vénéré Prélat, et qui ne sont pas moins pratiques pour notre diocèse que pour le sien.

Ce petit livre ne doit pas d'abord être appris par cœur. Avant de le faire apprendre, les parents et les catéchistes doivent exposer **oralement** toutes les vérités qui y sont contenues. Ce n'est que lorsque l'enfant aura saisi ces vérités, qu'on les lui fera étudier dans le livre, pour les fixer dans sa mémoire.

Dans ce Catéchisme, on n'a pas voulu tout dire, mais dire le plus simplement possible. Quelques termes ne paraissent pas encore assez simples : ils ont été maintenus parce qu'ils font partie de la langue officielle de l'Eglise, et que l'enfant les retrouvera dans ses prières. Il suffira d'en donner l'explication pour que l'enfant s'en assimile facilement le sens.

En enseignant ce Catéchisme, les parents se rappelleront qu'il est très incomplet, et qu'ils manqueraient gravement à leurs devoirs, s'ils n'avaient pas soin de faire apprendre plus tard le grand Catéchisme à leurs enfants.

Puissent les parents se livrer à cette occupation sainte avec le zèle d'autrefois et y puiser eux-mêmes un goût nouveau pour l'étude de leur Religion ! Ce sera la meilleure façon de fortifier leur foi et d'assurer leur fidélité à tous les devoirs de la vie chrétienne.

Quimper, 21 Décembre 1910.

† ADOLPHE,

Evêque de Quimper et de Léon.

LA PRIÈRE DE L'ENFANT CHRÉTIEN

Au nom du Père, du Fils et du Saint-Esprit. Ainsi soit-il.

ORAISON DOMINICALE

Notre Père qui êtes aux cieux, que votre nom soit sanctifié, que votre règne arrive, que votre volonté soit faite sur la terre comme au ciel : donnez-nous aujourd'hui notre pain quotidien, pardonnez-nous nos offenses, comme nous pardonnons à ceux qui nous ont offensés, ne nous laissez point succomber à la tentation, mais délivrez-nous du mal.

Ainsi soit-il.

SALUTATION ANGÉLIQUE

Je vous salue, Marie, pleine de grâce, le Seigneur est avec vous, vous êtes bénie entre toutes les femmes, et Jésus le fruit de vos entrailles est béni.

Sainte Marie, Mère de Dieu, priez pour nous, pauvres
pécheurs, maintenant et à l'heure de notre mort.

Ainsi soit-il.

SYMBOLE DES APOTRES

Je crois en Dieu le Père tout-puissant, Créateur du ciel et de
la terre, et en Jésus-Christ son Fils unique, Notre-Seigneur,
qui a été conçu du Saint-Esprit, est né de la Vierge Marie, a
souffert sous Ponce-Pilate, a été crucifié, est mort et a été ense-
veli, est descendu aux enfers, le troisième jour est ressuscité
des morts, est monté aux cieux, est assis à la droite de Dieu
le Père tout-puissant, d'où il viendra juger les vivants et les
morts. Je crois au Saint-Esprit, à la Sainte Église catholique,
à la Communion des Saints, à la Rémission des péchés, à la
Résurrection de la chair, à la Vie éternelle.

Ainsi soit-il.

LA CONFESSION DES PÉCHÉS

Je confesse à Dieu tout-puissant, à la bienheureuse Marie
toujours Vierge, à saint Michel archange, à saint Jean-Baptiste,
aux saints apôtres Pierre et Paul, à tous les Saints (et à vous,
mon Père), que j'ai beaucoup péché par pensées, par paroles,
et par actions : c'est par ma faute, c'est par ma faute, c'est
par ma très grande faute. C'est pourquoi je prie la bienheureuse Marie toujours Vierge, saint Michel archange, saint
Jean-Baptiste, les saints apôtres Pierre et Paul, tous les saints,
et vous, mon Père, de prier pour moi le Seigneur notre Dieu.

Que le Dieu tout-puissant nous fasse miséricorde, et qu'après nous avoir pardonné nos péchés, il nous conduise à la vie éternelle.

Ainsi soit-il.

Que le Seigneur tout-puissant et miséricordieux nous accorde l'indulgence, l'absolution et la rémission de nos péchés.

Ainsi soit-il.

LES COMMANDEMENTS DE DIEU

1. Un seul Dieu tu adoreras, et aimeras parfaitement.
2. Dieu en vain tu ne jureras, ni autre chose pareillement.
3. Les Dimanches tu garderas, en servant Dieu dévotement.
4. Tes Père et Mère honoreras, afin de vivre longuement.
5. Homicide point ne seras, de fait ni volontairement.
6. Luxurieux point ne seras, de corps ni de consentement.
7. Le bien d'autrui tu ne prendras, ni retiendras à ton escient.
8. Faux témoignage ne diras, ni mentiras aucunement.
9. Désirs mauvais repousseras, pour garder ton cœur purement.
10. Biens d'autrui ne convoiteras, pour les avoir injustement.

LES COMMANDEMENTS DE L'ÉGLISE

1. Les fêtes tu sanctifieras, qui te sont de commandement.
2. Les Dimanches messe entendras, et les fêtes semblablement.
3. Tous tes péchés confesseras, à tout le moins une fois l'an.
4. Ton créateur tu recevras, au moins à Pâques humblement.
5. Quatre-Temps, vigiles jeûneras, et le carême entièrement.
6. Vendredi chair ne mangeras, ni *samedi* pareillement.

ACTE DE FOI

Mon Dieu, je crois fermement tout ce que l'Église m'ordonne de croire, parce que c'est vous qui le lui avez révélé, et que vous ne pouvez ni vous tromper, ni nous tromper.

ACTE D'ESPÉRANCE

Mon Dieu, j'espère avec confiance de votre bonté infinie, par les mérites de Notre Sauveur Jésus-Christ, le secours de votre grâce en ce monde et la vie éternelle dans l'autre, parce que vous me l'avez promis et que vous êtes fidèle dans vos promesses.

ACTE DE CHARITÉ

Mon Dieu, je vous aime de tout mon cœur, par-dessus toutes choses, parce que vous êtes infiniment bon et infiniment aimable ; j'aime aussi mon prochain comme moi-même pour l'amour de vous.

ACTE DE CONTRITION

Mon Dieu, j'ai un grand regret de vous avoir offensé, parce que vous êtes infiniment bon, infiniment aimable et que le péché vous déplaît ; je me propose fermement, moyennant votre sainte grâce, de ne plus vous offenser et de faire pénitence.

PRIÈRES DIVERSES
enrichies d'indulgences

EN L'HONNEUR DE LA SAINTE EUCHARISTIE

Loué et remercié soit à tout moment le très saint et très divin Sacrement.

EN L'HONNEUR DE LA SAINTE VIERGE

O Marie conçue sans péché, priez pour nous qui avons recours à vous.

* * *

Souvenez-vous, ô très miséricordieuse Vierge Marie, qu'on n'a jamais entendu dire qu'aucun de ceux qui ont eu recours à votre protection, imploré votre assistance et demandé votre intercession, ait été abandonné. Animé d'une pareille confiance, j'accours à vous, Vierge des Vierges, ô ma Mère, je viens à vous, je me prosterne devant vous gémissant sous le poids de mes péchés. Mère du Verbe, ne méprisez pas mes paroles, mais écoutez-les favorablement et daignez les exaucer. Ainsi soit-il.

EN L'HONNEUR DE L'ANGE GARDIEN

Ange de Dieu, mon gardien, à qui la Providence miséricordieuse d'en haut m'a confié, éclairez-moi, protégez-moi, dirigez-moi et gouvernez-moi. Ainsi soit-il,

---

COURTES PRATIQUES DE PIÉTÉ

A SON RÉVEIL

Mon Dieu, je vous donne mon cœur, préservez-moi de tout péché.

AVANT LE REPAS

Que la main de Jésus-Christ nous bénisse, nous et la nourriture que nous allons prendre.

Au nom du Père, et du Fils et du Saint-Esprit. Ainsi soit-il.

APRÈS LE REPAS

Nous vous rendons grâces pour tous vos bienfaits, ô Dieu tout-puissant qui vivez et régnez dans tous les siècles des siècles. Ainsi soit-il.

AVANT SON TRAVAIL

Mon Dieu, je vous offre mon travail ; donnez-lui votre sainte bénédiction.

AVANT DE S'ENDORMIR

Mon Dieu, je vous donne mon cœur, bénissez le repos que je vais prendre, afin de vous mieux servir demain.

LE CATÉCHISME DES PETITS ENFANTS

Ire LEÇON

DIEU

Qui a créé le monde ?	1. C'est Dieu qui a créé le monde avec tout ce qu'il contient.
Dieu a-t-il été créé ?	2. Dieu n'a été créé par personne.
Dieu a-t-il toujours existé ?	3. Dieu a toujours existé.
Dieu existera-t-il long-temps ?	4. Dieu existera toujours.
Qu'est-ce que Dieu voit et connaît ?	5. Dieu voit tout et connaît tout, même nos pensées.
Dieu est donc bien puissant ?	6. Dieu est tout puissant : il peut tout ce qu'il veut.

Dieu est-il bon ?

7. Dieu est bon pour toutes ses créatures ; à cause de sa bonté, on l'appelle le **bon Dieu.**

Pouvons-nous voir Dieu ?

8. Nous ne pouvons pas voir Dieu, parce qu'il n'a pas de corps.

Verrons-nous Dieu un jour ?

9. Nous verrons Dieu quand nous serons dans le Ciel.

Qu'est-ce que Dieu ?

10. **Dieu est le créateur et le maître de toutes choses.**

IIe LEÇON

LA SAINTE TRINITÉ

Y a-t-il plusieurs Dieux ?

1. Il n'y a qu'un seul Dieu.

Y a-t-il plusieurs personnes en Dieu ?

2. Il y a **trois personnes en Dieu.**

Quelles sont les trois personnes qui sont en Dieu ?

3. Les trois personnes qui sont en Dieu sont le Père, le Fils et le Saint-Esprit.

Ces trois personnes font-elles trois Dieux ?

4. Les trois personnes qui sont en Dieu ne font qu'un seul Dieu.

Pouvons-nous comprendre cela ?

5. Nous ne pouvons pas comprendre comment trois personnes font un seul Dieu.

Il y a donc des choses que Dieu nous dit de croire et que nous ne comprenons pas ?

6. Il y a des choses que Dieu nous dit de croire et que nous ne comprenons pas.

Pourquoi Dieu nous dit-il de croire des choses que nous ne comprenons pas ?

7. Dieu nous dit de croire des choses que nous ne comprenons pas, parce que Lui, il les connaît et il les comprend.

Comment s'appellent ces choses que Dieu comprend et que nous, nous ne comprenons pas ?

8. Les choses que Dieu comprend et que nous ne comprenons pas, s'appellent des **mystères.**

Qu'est-ce donc que le mystère de la Sainte Trinité ?

9. **Le mystère de la Sainte Trinité est le mystère d'un seul Dieu en trois personnes.**

Quelle est la prière qui nous rappelle ce mystère ?

10. La prière qui nous rappelle le mystère de la Sainte Trinité est celle qu'on dit en faisant le signe de la Croix : Au nom du Père, et du Fils et du Saint-Esprit. Ainsi soit-il.

IIIᵉ LEÇON

LES CRÉATURES DU BON DIEU

Quelles sont les plus bel-
les créatures de Dieu ?

1. Les plus belles créatures de Dieu sont les **anges** dans le Ciel, et les **hommes** sur la terre.

Les anges sont-ils tous
bons ?

2. Il y a des bons anges et des mauvais anges.

Quels sont les mauvais
anges ?

3. Les mauvais anges sont ceux qui ont désobéi au bon Dieu.

Où sont les mauvais an-
ges ?

4. Les mauvais anges sont en enfer.

Comment les appelle-t-
on ?

5. On appelle les mauvais anges les **démons.**

Où sont les bons anges ?

6. Les bons anges sont au Ciel près de Dieu.

Les bons anges s'occupent-ils de nous ?	7. Chacun de nous a un **Ange gardien** qui veille sur lui et qui le protège.
Que devons-nous faire pour notre Ange gardien ?	8. Nous devons penser à notre Ange gardien et lui demander de nous protéger.

IVᵉ LEÇON

LES CRÉATURES DU BON DIEU (suite)

Comment s'appelèrent le premier homme et la première femme ?	1. Le premier homme s'appela Adam et la première femme s'appela Ève.
En quel état Dieu les créa-t-il ?	2. Dieu créa Adam et Ève innocents et heureux.
Adam et Ève ont-ils gardé ces bienfaits ?	3. Adam et Ève perdirent leur innocence et leur bonheur en désobéissant au bon Dieu, et ils devinrent indignes d'aller au Paradis.
Leur désobéissance nous a-t-elle fait du mal à nous-mêmes ?	4. A cause de leur désobéissance, nous naissons tous avec leur péché.
Comment s'appelle le péché ?	5. Le péché avec lequel nous naissons s'appelle le **Péché originel.**
Dieu a-t-il abandonné l'homme après son péché ?	6. Dieu a eu pitié de l'homme, et il lui a envoyé un Sauveur pour lui rouvrir le Paradis.

Vᵉ LEÇON

JÉSUS-CHRIST

Quel fut le Sauveur envoyé à l'homme ?

1. Le Sauveur envoyé à l'homme fut la seconde personne de la Sainte Trinité, le **Fils de Dieu**.

Le Fils de Dieu est donc venu sur la terre ?

2. Le Fils de Dieu est venu sur la terre.

Qu'a fait le Fils de Dieu en venant sur la terre?

3. En venant sur la terre, le Fils de Dieu s'est fait homme.

Comment le Fils de Dieu s'est-il fait homme ?

4. Le Fils de Dieu s'est fait homme en prenant un corps et une âme comme les nôtres.

Le Fils de Dieu, venu sur la terre, a-t-il un autre nom ?

5. Le Fils de Dieu, venu sur la terre, s'est appelé **Jésus-Christ.**

Qu'est-ce donc que Jésus-Christ ?

6. Jésus-Christ c'est le Fils de Dieu fait homme.

Qu'est-ce que le mystère de l'Incarnation ?

7. Le mystère de l'Incarnation, c'est le mystère du Fils de Dieu fait homme.

VIᵉ LEÇON

VIE DE JÉSUS-CHRIST

Quelle est la Mère de Jésus-Christ ?

1. La Mère de Jésus-Christ est la **Sainte Vierge Marie.**

Où est né Jésus-Christ ?

2. Jésus-Christ est né à Bethléem, dans une pauvre étable, le jour de Noël.

Jésus-Christ a-t-il été petit enfant ?

3. Jésus-Christ a été petit enfant comme nous, c'est lui qu'on appelle l'Enfant-Jésus.

Combien de temps Jésus-Christ a-t-il passé sur la terre ?

4. Jésus-Christ a passé trente-trois ans sur la terre.

Où Jésus-Christ a-t-il vécu ?

5. Jusqu'à l'âge de trente ans, Jésus-Christ a vécu dans la maison de **saint Joseph,** l'époux de la Sainte Vierge.

Qu'a fait Jésus-Christ sur la terre jusqu'à trente ans ?

6. Jésus-Christ a travaillé avec saint Joseph au métier de charpentier.

Qu'a fait Jésus-Christ dans les trois dernières années de sa vie ?

7. Dans les trois dernières années de sa vie, Jésus-Christ a prêché l'Evangile, et il a fait des miracles.

Comment Jésus-Christ est-il mort ?

8. Les ennemis de Jésus-Christ l'ont mis à mort, le jour du Vendredi-Saint, en le clouant à une **Croix.**

Jésus-Christ est-il demeuré mort ?

9. Le troisième jour après sa mort, le jour de Pâques, Jésus-Christ est sorti vivant de son tombeau.

Qu'est devenu Jésus-Christ ?

10. Quarante jours après sa Résurrection, le jour de l'Ascension, Jésus-Christ est monté au Ciel.

Pourquoi dit-on **Notre-Seigneur** *en parlant de Jésus-Christ ?*

11. On dit **Notre-Seigneur** par respect et par amour pour Jésus-Christ.

VIIᵉ LEÇON

LA REDEMPTION

Pourquoi Notre-Seigneur Jésus-Christ est-il venu sur la terre ?

1. Notre-Seigneur Jésus-Christ est venu sur la terre pour conduire les hommes au Paradis.

Etait-il nécessaire que Notre-Seigneur Jésus-Christ vînt sur la terre ?

2. Si Notre-Seigneur Jésus-Christ n'était pas venu, les hommes ne seraient pas allés au Paradis.

Pourquoi les hommes ne seraient-ils pas allés au Paradis ?

3. Les hommes ne seraient pas allés au Paradis, à cause de leurs péchés.

Pourquoi les hommes peuvent-ils maintenant aller au Paradis ?

4. Les hommes peuvent maintenant aller au Paradis, parce que Notre-Seigneur Jésus-Christ leur a mérité leur pardon.

Comment Jésus-Christ a-t-il mérité le pardon des hommes ?

5. Jésus-Christ a mérité le pardon des hommes, en mourant pour eux sur une croix.

Comment s'appelle ce qu'a fait Notre-Seigneur Jésus-Christ ?

6. Ce que Jésus-Christ a fait en mourant pour les hommes, s'appelle la **Rédemption.**

Qu'est-ce que le mystère de la Rédemption ?

7. **Le mystère de la Rédemption c'est le mystère de Jésus-Christ mort pour nous sauver.**

Qu'est-ce qui nous rappelle le mystère de la Rédemption ?

8. Le signe de la Croix, que nous traçons sur nous, nous rappelle le mystère de la Rédemption.

VIIIe LEÇON

LE PÉCHÉ ET LES FINS DERNIÈRES

Pourquoi le bon Dieu nous a-t-il créés ?

1. Le bon Dieu nous a créés pour nous faire partager son bonheur dans le Paradis.

A quelles conditions pouvons-nous avoir ce bonheur ?

2. Nous aurons le bonheur dans le Paradis à condition d'obéir au bon Dieu sur la terre.

Que fait-on quand on désobéit au bon Dieu ?

3. Quand on désobéit au bon Dieu on fait un **péché.**

Combien y a-t-il d'espèces de péchés ?

4. Il y a deux espèces de péchés : les **péchés mortels** et les **péchés véniels.**

Que sont les péchés mortels ?

5. Les péchés mortels sont une désobéissance, grave et volontaire, à la loi du bon Dieu.

Pourquoi les appelle-t-on mortels ?

6. On les appelle des péchés mortels parce qu'ils donnent la mort à l'âme.

Que sont les péchés véniels ?

7. Ce sont des péchés moins graves qui rendent seulement l'âme malade.

IXe LEÇON

LE PÉCHÉ ET LES FINS DERNIÈRES (suite)

Qu'arrive-t-il à celui qui meurt avec un péché mortel ?

1. Celui qui meurt avec un péché mortel ne va pas au **Paradis.**

Où va celui qui meurt avec un péché mortel?

2. Celui qui meurt avec un péché mortel va en **Enfer.**

Qu'est-ce que l'Enfer ?

3. **L'Enfer est un lieu de supplices où les pécheurs souffriront toujours.**

Où va celui qui meurt sans péché mortel ?

5. Celui qui meurt sans péché mortel, c'est-à-dire en état de grâce, va au Paradis.

*Qu'est-ce que le Para-
dis ?*

5. Le **Paradis** ou le **Ciel** est le lieu où les **Saints** sont éternellement heureux.

*Qui envoie les hommes
en Paradis ou en En-
fer ?*

6. C'est Dieu qui envoie les hommes au Paradis ou en Enfer, par le jugement que tous ont à subir après leur mort.

*Ceux qui meurent sans
péché mortel vont-ils
tout de suite au Pa-
radis ?*

7. Ceux qui meurent sans péché mortel, vont passer quelque temps au Purgatoire, s'ils n'ont pas assez fait pénitence pour leurs péchés.

*Qu'est-ce que le Purga-
toire ?*

8. Le **Purgatoire** est un lieu de peines où les âmes des justes achèvent de se purifier.

Xᵉ LEÇON

L'ÉGLISE

Qu'est-ce que N.-S. J.-C. a fait pour les hommes en remontant au ciel ?

1. Notre-Seigneur Jésus-Christ, en remontant au Ciel, a laissé aux hommes son **Eglise.**

Qu'est-ce que l'Eglise ?

2. L'Eglise c'est la grande famille de tous ceux qui croient en Jésus-Christ et qui lui obéissent.

Y a-t-il un chef dans l'Eglise ?

3. A la tête de l'Eglise il y a un chef qui est le Père de la famille.

Quel est le Chef de l'Eglise ?

4. Le Chef de l'Eglise, c'est le **Pape,** appelé aussi le Souverain Pontife.

Y a-t-il d'autres chefs au-dessous du Pape ?

5. Au-dessous du Pape il y a d'autres chefs qui sont les **Evêques.**

Que font les Evêques ?

6. Les Evêques surveillent chacun une partie de l'Eglise qu'on appelle un Diocèse.

Qu'y a-t-il au-dessous des Evêques ?

7. Au-dessous des Evêques, il y a les **Prêtres.**

Que font les prêtres ?

8. Les prêtres sont chargés d'instruire les enfants de l'Eglise et de leur distribuer les dons du bon Dieu.

Quels sont les principaux dons du bon Dieu ?

9. Les principaux dons du bon Dieu sont les **Sacrements.**

XIᵉ LEÇON

LE BAPTÊME ET LA CONFIRMATION

Quel est le premier des Sacrements ?

1. Le premier des Sacrements est le **Baptême.**

Que produit le Baptême ?

2. Le Baptême efface le Péché originel.

Que devenons-nous par le Baptême ?

3. Par le Baptême nous devenons enfants de Dieu et de l'Eglise.

Le Baptême est-il nécessaire ?

4. Le Baptême est nécessaire, parce que, sans le Baptême, on ne peut pas aller au Paradis.

Comment s'appellent ceux qui ont reçu le Baptême ?

5. Ceux qui ont reçu le Baptême s'appellent des **Chrétiens.**

Le Baptême suffit-il pour être un Chrétien parfait ?	6. Pour être un Chrétien parfait, il faut aussi recevoir le Sacrement de **Confirmation.**
Qui donne le Sacrement de Confirmation ?	7. Ce sont les Evêques qui donnent le Sacrement de Confirmation.

XIIe LEÇON

LE SACREMENT DE PÉNITENCE

N'y a-t-il pas un Sacrement qui s'appelle la **Pénitence ?**	1. Il y a un Sacrement, qui s'appelle la **Pénitence.**
A quoi sert le Sacrement de Pénitence ?	2. C'est par le Sacrement de Pénitence qu'on obtient le pardon de ses péchés.
Que faut-il faire pour recevoir le pardon de ses péchés ?	3. Pour recevoir le pardon de ses péchés, il faut les faire connaître à un prêtre, c'est ce qu'on appelle **se confesser.**
Peut-on cacher un péché ?	4. Celui qui cacherait un seul péché mortel, n'obtiendrait pas le pardon de ses autres péchés et ferait un nouveau péché mortel.

Suffit-il de se confesser ?

5. Il ne suffit pas de se confesser pour être pardonné, il faut encore dire au bon Dieu qu'on regrette ses péchés et qu'on ne veut plus les commettre.

Quand reçoit-on le Sacrement de Pénitence?

6. On reçoit le Sacrement de Pénitence, quand le prêtre donne l'**Absolution.**

Que veut dire le mot **Absolution ?**

7. Absolution veut dire pardon.

D'où nous vient le pardon ?

8. Le pardon nous a été mérité par Notre-Seigneur Jésus-Christ.

Comment le prêtre peut-il pardonner ?

9. Le prêtre pardonne au nom du bon Dieu qui lui a donné ce pouvoir.

Que faut-il faire après avoir reçu son pardon ?

10. Il faut aussi, après avoir reçu son pardon, faire la pénitence que le prêtre impose.

Qu'est cette pénitence ?

11. La pénitence donnée par le prêtre est une prière à réciter, ou quelque chose à faire pour le bon Dieu.

XIIIᵉ LEÇON

L'EUCHARISTIE ET LA COMMUNION

Un enfant chrétien a-t-il d'autres Sacrements à recevoir que la Pénitence ?

1. Un enfant chrétien doit recevoir le Sacrement de l'Eucharistie, dès qu'il a l'âge de raison.

Qu'est-ce que recevoir le Sacrement de l'Eucharistie ?

2. Recevoir le Sacrement de l'Eucharistie c'est ce qu'on appelle **communier.**

Qui reçoit-on quand on communie ?

3. Quand on communie, on reçoit Notre-Seigneur Jésus-Christ dans son cœur.

Comment se fait-il qu'on reçoive Notre-Seigneur Jésus-Christ ?

4. On reçoit Notre-Seigneur Jésus-Christ, parce qu'il est dans l'Eucharistie, sous l'apparence d'un peu de pain, qu'on appelle une hostie.

Le pain eucharistique est-il le même que celui que nous mangeons ?

5. Le pain eucharistique n'est pas le même que le pain que nous mangeons : ce n'est plus du pain.

Pourquoi le pain eucharistique n'est-il plus du pain ?

6. Le pain a été changé au corps de Notre-Seigneur Jésus-Christ.

Comment se fait ce changement ?

7. Le pain est changé par le prêtre, pendant la Messe.

C'est donc vraiment le corps de Notre-Seigneur Jésus - Christ que nous recevons ?

8. C'est vraiment le corps de Notre-Seigneur Jésus - Christ que nous recevons quand nous communions.

Quand faut-il communier ?

9. Il faut communier au moins à Pâques de chaque année ; et Notre-Seigneur Jésus-Christ désire qu'on le fasse bien plus souvent.

L'âme peut-elle se passer de communion ?

10. L'âme ne pourrait pas plus se passer de la communion que le corps ne pourrait se passer de nourriture.

Que faut-il pour pouvoir communier ?

11. Pour pouvoir communier il faut d'abord : n'avoir pas de péché mortel, et puis être à jeun, c'est-à-dire n'avoir ni bu ni mangé depuis minuit.

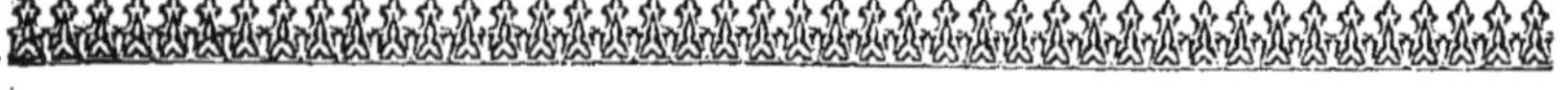

XIVᵉ LEÇON

LES AUTRES SACREMENTS

Quels sont les quatre Sacrements que tout Chrétien doit recevoir ?

1. Tout Chrétien doit recevoir quatre Sacrements : Le Baptême, la Confirmation, l'Eucharistie et la Pénitence.

Un enfant chrétien peut-il en recevoir d'autres ?	2. Un enfant, comme les autres Chrétiens, doit aussi recevoir le Sacrement de l'**Extrême-Onction,** quand il est dangereusement malade.
A quoi sert le Sacrement de l'Extrême-Onction ?	3. Le Sacrement de l'Extrême-Onction sert à soulager les malades dans leur âme, et souvent dans leur corps.
Y a-t-il d'autres Sacrements ?	4. Il y a deux autres Sacrements : l'**Ordre** et le **Mariage.**
Qu'est-ce que l'Ordre ?	5. L'**Ordre** est le Sacrement qui fait les prêtres.
Qu'est-ce que le Mariage ?	6. Le **Mariage** est le Sacrement qui fait les parents chrétiens.
Combien y a-t-il de Sacrements en tout ?	7. Il y a sept Sacrements.
Quels sont les sept Sacrements ?	8. Les sept Sacrements sont le Baptême, la Confirmation, la Pénitence, l'Eucharistie, l'Extrême-Onction, l'Ordre et le Mariage.
Qui nous a donné les Sacrements ?	9. C'est Notre-Seigneur Jésus-Christ qui nous a donné tous les Sacrements.
Pourquoi Notre-Seigneur Jésus-Christ nous a-t-il donné les Sacrements ?	10. Notre-Seigneur Jésus-Christ nous a donné tous les Sacrements, parce qu'il nous a aimés et qu'il a voulu nous aider à aller au Ciel.

XVe LEÇON

LES BONS CHRÉTIENS

Y a-t-il plusieurs sortes de Chrétiens ?

1. Il y a des bons et des mauvais Chrétiens.

Quels sont les bons Chrétiens ?

2. Les bons Chrétiens sont ceux qui obéissent aux commandements de Dieu et de l'Eglise.

Combien y a-t-il de commandements de Dieu ?

3. Il y a dix commandements de Dieu, c'est ce qu'on appelle le **Décalogue.**

Récitez-les.

4. *Un seul Dieu tu adoreras, — et aimeras parfaitement.*

Dieu en vain tu ne jureras, — ni autre chose pareillement.

Les Dimanches tu garderas, — en servant Dieu dévotement.

Tes Père et Mère honoreras, — afin de vivre longuement.

Homicide point ne seras, — de fait ni volontairement.

Luxurieux point ne seras, — de corps ni de consentement.

Le bien d'autrui tu ne prendras, — ni retiendras à ton escient.
Faux témoignage ne diras, — ni mentiras aucunement.
Désirs mauvais repousseras, — pour garder ton cœur purement.
Biens d'autrui ne convoiteras, — pour les avoir injustement.

Y a-t-il d'autres commandements ?

5. Le bon Dieu nous demande aussi d'obéir aux commandements de son Eglise.

Récitez-les.

6. *Les fêtes tu sanctifieras, — qui te sont de commandement.*
Les Dimanches messe entendras, — et les fêtes semblablement.
Tous tes péchés confesseras, — à tout le moins une fois l'an.
Ton Créateur tu recevras, — au moins à Pâques humblement.
Quatre-Temps, vigiles jeûneras, — et le carême entièrement.
Vendredi chair ne mangeras, — ni samedi pareillement.

XVIᵉ LEÇON

L'AMOUR DU BON DIEU

Quel est le premier commandement ?

1. Le premier commandement est d'aimer le bon Dieu de tout son cœur.

Comment montre-t-on son amour pour le bon Dieu ?

2. On montre son amour pour le bon Dieu, en lui obéissant et en le priant.

Qu'est-ce que prier ?

3. **Prier,** c'est rendre ses hommages à Dieu et demander son secours.

Comment s'appelle le secours du bon Dieu ?

4. Le secours du bon Dieu s'appelle sa **grâce.**

Quand un bon Chrétien doit-il prier ?

5. Un bon chrétien doit surtout prier le matin et le soir, les dimanches et les jours de fêtes.

Quelles prières un enfant chrétien doit-il réciter tous les jours ?

6. Les prières qu'un enfant chrétien doit réciter tous les jours sont :

1º Le signe de la Croix, *Au nom du Père...*

2º L'Oraison dominicale, *Notre Père...*

3º La Salutation angélique, *Je vous salue Marie...*

4º Le Symbole des Apôtres, *Je crois en Dieu...*

5º Les actes de foi, d'espérance et de charité.

6º *Je confesse à Dieu...*

7º Les commandements de Dieu et de l'Eglise.

Un enfant qui aime le bon Dieu se contente-t-il de ces prières ?

8. Un enfant qui veut bien aimer le bon Dieu apprend d'autres prières et les récite souvent ; par exemple, il prie avant et après les repas ; il récite son chapelet, etc.

Que doit-on faire les dimanches et jours de fêtes ?

9. Les dimanches et les jours de fête, on doit assister à la **messe.**

Comment doit-on assister à la messe ?

10. On doit assister à la messe avec attention, respect et piété.

XVIIᵉ LEÇON

L'AMOUR DU PROCHAIN

Qui le bon Dieu nous demande-t-il d'aimer encore ?

1. Le bon Dieu nous demande d'aimer notre prochain, c'est-à-dire **les autres.**

Qui devons-nous aimer d'abord ?

2. Nous devons aimer d'abord **nos parents.**

Qui devons-nous aimer ensuite ?

3. Nous devons ensuite aimer **les autres hommes.**

Qu'est-ce qu'aimer son prochain ?

4. Aimer son prochain, c'est faire **du** bien aux autres et ne faire **de mal à** personne.

Comment fait-on du bien aux autres ?

5. On fait du bien aux autres **en leur** rendant service, et en leur **donnant ce** qui leur manque.

Qu'est-ce qui nous porte à faire du bien aux autres ?	6. C'est la vertu de **charité** qui nous porte à faire du bien aux autres.
Le bon Dieu aime-t-il la charité ?	7. Le bon Dieu aime tant la charité qu'il la récompensera, comme si on lui faisait du bien à lui-même.

DERNIÈRE LEÇON

NÉCESSITÉ D'ÉTUDIER LA RELIGION

Ce que vous venez d'apprendre est-ce toute la Religion ?	1. Ce que nous venons d'apprendre n'est qu'une partie de la **Religion ;** il y a beaucoup d'autres choses qu'un Chrétien doit étudier.
Où étudie-t-on les autres choses ?	2. On étudie ces choses au **Catéchisme.**
Combien de temps faut-il aller au Catéchisme?	3. Il faut aller au Catéchisme, au moins aussi longtemps qu'à l'Ecole, et même plus longtemps, si on ne connaît pas bien la Religion.

MÉTHODE A SUIVRE POUR SE CONFESSER

I. — CE QU'IL FAUT FAIRE AVANT DE SE CONFESSER

1° **Prier le bon Dieu.**

Avant de se confesser, il faut se rappeler qu'on vient chercher le pardon de ses péchés, et se dire qu'on a besoin de toute la miséricorde du bon Dieu. Il faut demander cette miséricorde par une fervente prière. On peut réciter, à cette intention, *Notre Père..., Je vous salue Marie...*

2° **Examiner sa conscience.**

Puisqu'on doit accuser ses péchés, il faut bien les connaître. Il faut chercher à se les rappeler, et voir *combien de fois on les* a commis depuis la dernière confession.

On peut parcourir la liste suivante, et voir si on a commis quelques-uns des péchés qui y sont indiqués :

(1) *Péchés contre l'amour du bon Dieu.*

Ai-je manqué de faire ma prière du matin et du soir ?

Ai-je fait ma prière en m'amusant ?

Ai-je eu honte de paraître bon Chrétien ?

Ai-je été dissipé à l'église ?

Ai-je manqué la messe le dimanche ? Y suis-je arrivé en retard ?

Ai-je dit des paroles injurieuses pour le bon Dieu ?

Ai-je travaillé le dimanche ?

Ai-je mangé de la viande les jours défendus ?

(2) *Péchés contre l'amour du prochain.*

Ai-je désobéi à mes parents ? à mes maîtres ?

Leur ai-je manqué de respect, en parlant mal d'eux, ou en leur répondant mal ?

Ai-je été méchant pour mes frères et sœurs ?

Me suis-je battu avec d'autres enfants ?

Ai-je fait des rapports sur les autres ?

Ai-je voulu qu'il arrive du mal aux autres ?

Ai-je dit du mal des autres ?

Ai-je pris ce qui ne m'appartenait pas ?

Ai-je menti ?

Ai-je eu mauvais cœur pour ceux qui sont dans la peine ?

Ai-je été jaloux des autres ?

Ai-je été content du mal qui leur arrivait ?

Ai-je fait faire de grands péchés à quelqu'un ?

(3) *Autres péchés.*

Ai-je été orgueilleux ?

Ai-je aimé à me vanter ? à me faire admirer ?

Ai-je été gourmand ?

Ai-je été entêté ?

Me suis-je mis en colère ?

Ai-je boudé ?

Ai-je été paresseux, pour me lever ?

—   pour apprendre mon Catéchisme ?

—   pour travailler à l'école ?

Ai-je pensé à des choses vilaines ou déshonnêtes ?

Ai-je fait de ces choses-là ?

Ai-je dit de vilaines paroles ?

Ai-je écouté les autres en dire ?

Ai-je lu ou regardé de vilains livres ?

3° Faire un acte de contrition.

Après avoir examiné sa conscience, il faut dire au bon Dieu qu'on regrette ses péchés et qu'on ne recommencera plus.

Pour s'exciter au regret de ses péchés, il faut penser :

1. Au malheur auquel on s'est exposé en offensant le bon Dieu : le malheur d'aller en Purgatoire, et peut-être le malheur d'aller en enfer, et de perdre le Paradis.

2. A l'ingratitude qu'on a eue pour un Dieu qui nous a tant aimés qu'il est mort pour nous sur la Croix ; pour un Dieu qui est très bon, qui mérite d'être aimé.

Après avoir pensé à tout cela, on arrive tout naturellement à l'assurer qu'on ne veut pas recommencer.

Alors on récite du fond du cœur l'acte de Contrition : *Mon Dieu, j'ai un grand regret de vous avoir offensé,* etc.

Après s'être ainsi préparé, on s'approche du confesseur.

II. — CE QU'IL FAUT FAIRE EN SE CONFESSANT

En entrant au confessionnal, l'enfant fait le signe de la Croix et dit : *Bénissez-moi, mon Père, parce que j'ai péché.*

Puis il récite : *Je confesse à Dieu...* jusqu'à : *C'est par ma faute.*

L'enfant dit alors à son confesseur depuis combien de temps il n'est pas venu à confesse.

Il dit aussi s'il avait reçu l'Absolution ou s'il ne l'avait pas reçue.

Il commence ensuite l'accusation des péchés qu'il a reconnus en lui, dans son examen de conscience, en disant pour chaque péché : *Mon Père, je m'accuse d'avoir...*

Quand il a fini de dire tous ses péchés, le pénitent achève la récitation du *Je confesse à Dieu*, à partir de ces mots : *C'est par ma faute...* jusqu'à ceux-ci : *Que le Dieu tout-puissant.*

C'est alors le confesseur qui parle ; le pénitent doit l'écouter avec attention, et bien retenir la pénitence qu'il impose à faire.

Le prêtre donne ensuite l'*Absolution*. A ce moment, le pénitent récite du fond du cœur l'acte de Contrition. Ses péchés sont alors pardonnés. Il n'a qu'à se retirer.

III. — CE QU'IL FAUT FAIRE APRÈS LA CONFESSION

Après être sorti du confessionnal, l'enfant va se mettre à genoux. Il remercie le bon Dieu du pardon qu'il vient de lui accorder, et renouvelle ses résolutions de ne plus l'offenser. Puis il fait la pénitence qui lui a été imposée. Il rentre ensuite chez lui très sagement, et ne pense plus à ses péchés.

MÉTHODE POUR COMMUNIER

Le jour où il doit communier, l'enfant chrétien pense, dès son réveil, à la grande action qu'il va faire.

Il a soin de s'habiller très convenablement et très proprement, par respect pour Notre-Seigneur.

Il a bien soin de ne rien boire et de ne rien manger avant de communier.

On peut communier en dehors de la messe, mais il est mieux de le faire à la messe.

PRÉPARATION A LA COMMUNION

Avant la communion, il faut faire certains actes pour s'y bien préparer ; on peut faire ceux-ci, par exemple :

ACTE DE FOI. *Mon Dieu. Je crois que vous êtes ici présent et que c'est bien vous que je vais recevoir.*

ACTE D'AMOUR. *Mon Dieu, je vous aime de tout mon cœur, vous m'aimez au point de venir en moi. Je voudrais pouvoir vous aimer autant que vous le méritez.*

Acte d'Humilité. *Mon Dieu, je ne suis pas digne de vous recevoir, mais dites sur moi une parole de miséricorde, et mon cœur sera moins indigne de vous.*

Acte de Confiance. *Puisque vous m'appelez, me voici, Seigneur. Je vais à Vous, espérant qu'en Vous, je recevrai toutes les grâces dont j'ai besoin.*

LA COMMUNION

Pendant que le servant de Messe récite le *Confiteor* ou *Je confesse à Dieu*, l'enfant qui doit communier fera bien de le réciter lui-même. Il fera le signe de la Croix quand le prêtre dira *Indulgentiam*.

Le prêtre se tourne vers les Communiants en tenant l'hostie à la main. Il dit trois fois : *Domine, non sum dignus...* « *Seigneur, je ne suis pas digne que vous entriez dans ma maison, mais dites une seule parole et mon âme sera guérie.* »

La meilleure manière de se préparer immédiatement à la sainte Communion est de dire ces paroles avec le prêtre ; à chaque fois, on se frappe la poitrine.

Le moment de communier étant arrivé, l'enfant se met à genoux, tient la nappe de Communion étendue sur ses mains. Le prêtre présente la sainte hostie ; l'enfant, la tête droite, les yeux modestement baissés, ouvre la bouche, avance la langue sur la lèvre inférieure, et reçoit la sainte hostie qu'il avale aussitôt.

La préoccupation de bien accomplir toutes ces cérémonies ne doit pas l'empêcher de penser à la grande action qu'il fait en ce moment, et à l'union qu'il contracte alors avec le bon Dieu. Il continue d'y penser en retournant à sa place.

L'ACTION DE GRACES

De retour à sa place, l'enfant reste silencieux, sans se préoccuper d'autre chose que du bon Dieu qui est en lui. Il essaie de lui parler, en lui disant tous les sentiments de joie, de reconnaissance et d'amour qu'il éprouve en ce moment. Il lui demande toutes les grâces qu'il désire.

Quand son esprit est exposé à ne plus penser au bon Dieu, il prend un livre où sont renfermés les *Actes* à faire après la Communion : acte d'*adoration*, acte de *remerciement*, acte de *demande*, acte d'*offrande*, acte de *ferme propos*.

Très souvent, à l'occasion d'une fête, ou d'un exercice de piété habituel, celui qui communie peut gagner une **Indulgence plénière.** Il ne faut pas laisser perdre ce bien, d'autant plus qu'on peut en faire l'application à telle ou telle âme du purgatoire.

Pour obtenir ces indulgences, il suffit d'avoir l'intention de les gagner, et de réciter 5 *Pater* et 5 *Ave* aux intentions du Souverain-Pontife.

On peut toujours gagner une indulgence plénière en récitant ces 5 *Pater* et *Ave*, après avoir dit la prière suivante, devant l'image de Jésus Crucifié :

Me voici, ô bon et très doux Jésus, prosterné en votre présence. Je vous prie et vous conjure avec toute l'ardeur de mon âme de daigner imprimer dans mon cœur de vifs sentiments de foi, d'espérance et de charité, un vrai repentir de mes fautes et une très ferme volonté de m'en corriger ; tandis qu'avec un grand amour et une grande douleur je considère et contemple en esprit vos cinq plaies, ayant devant les yeux ces paroles que le prophète David vous appliquait déjà en les mettant dans votre bouche, ô bon Jésus : Ils ont percé mes mains et mes pieds, ils ont compté mes os.

TABLE

QUIMPER, IMPR. DE KERANGAL.

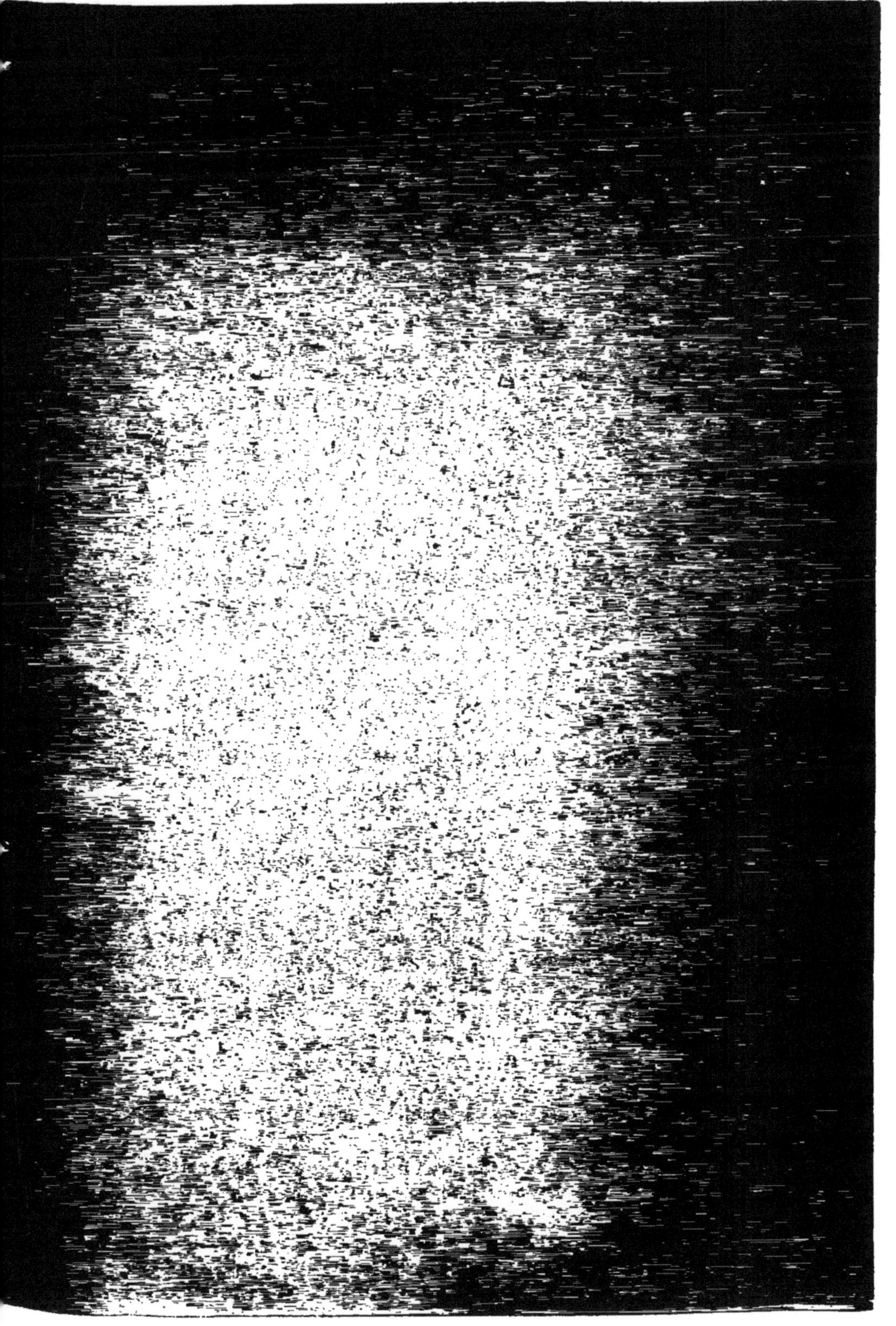

www.ingramcontent.com/pod-product-compliance
Ingram Content Group UK Ltd.
Pitfield, Milton Keynes, MK11 3LW, UK
UKHW021128140726
13695UKWH00004B/1778